CUENTOS DEL BURRO DE BALAAM

5 Historias De Animales Que Hablan Y Mensajes Divinos

BLUME POTTER

INTRODUCCIÓN

Bienvenido a Balaam's Donkey Tales: 5 Bedtime Stories of Talking Animals and Divine Messages, una colección especial de historias inspiradas en la Biblia diseñadas para despertar la imaginación de su hijo mientras inculcan valores atemporales. Cada cuento es narrado por el burro sabio y fiel de Balaam, que lleva a los lectores jóvenes a un viaje a través de momentos de intervención divina, obediencia y la importancia de estar en sintonía con la voluntad de Dios.

Estas historias son más que cuentos para dormir; son lecciones suaves envueltas en la calidez de la narración. Perfecto para acurrucarse antes de acostarse, este libro cautivará el corazón y la mente de su hijo mientras le enseña el significado de escuchar la guía de Dios, incluso cuando se trata de las maneras más inesperadas.

A medida que compartas estas historias con tus hijos o nietos, no solo estarás nutriendo su crecimiento espiritual, sino que también crearás recuerdos preciados que durarán toda la vida. Deja que las aventuras del burro parlante de Balaam lleven a tus pequeños a un sueño pacífico y significativo, con los corazones abiertos a la sabiduría y el amor que se encuentran en la Palabra de Dios.

Este libro es una adición imprescindible a la rutina de la hora de dormir de su familia, asegurándose de que sus hijos y nietos se duerman con historias llenas de fe que los guiarán a lo largo de sus vidas.

CAPÍTULO UNO:
EL BURRO SABIO

En un tranquilo rincón del campo, donde los rayos del sol besaban suavemente la tierra y el viento susurraba entre los árboles, vivía un burro como ningún otro. Este burro, fiel compañero de Balaam, era conocido por su sabiduría. No era un burro cualquiera, era un pensador, siempre observador, siempre consciente del mundo que lo rodeaba.

Día tras día, el burro observaba cómo Balaam, su amo, realizaba sus tareas. Balaam era un hombre de gran conocimiento, y muchos buscaron su consejo. Sin embargo, el burro a menudo sentía cosas que Balaam, a pesar de toda su sabiduría, pasó por alto.

Una mañana brillante, Balaam se acercó al burro con una nueva tarea. "Tenemos un viaje que hacer", dijo Balaam, mientras colocaba una silla de montar en la espalda del burro. Las orejas del burro se sacudieron, y sintió un revuelo en su corazón, una sensación de que algo no estaba del todo bien.

Cuando salían por el camino polvoriento, los sentidos del burro estaban en alerta máxima. Los árboles parecían balancearse de manera diferente, los pájaros cantaban en tonos silenciosos, y el camino por delante se sentía pesado con un peso invisible. Con cada paso, el burro se sentía más seguro de que este no era un viaje ordinario.

Balaam, perdido en sus pensamientos, no notó las sutiles señales a su alrededor. Pero el burro lo hizo. Desaceleró el paso, sus oídos se animaron y sus ojos escanearon el camino que tenía por delante. Algo estaba mal, ¿pero qué? El burro todavía no lo sabía, pero sabía una cosa con certeza: tenían que tener cuidado.

A medida que continuaban por el camino, el corazón del burro latía más rápido. Sabía que estar en sintonía con la voluntad de Dios era importante, incluso para un burro humilde como él. Y en este día, esa sabiduría sería puesta a prueba.

Con cada paso, el burro llevaba no solo a Balaam, sino también un sentido de responsabilidad: ser consciente, escuchar y actuar cuando era el momento adecuado. Poco sabía Balaam, su sabio burro ya estaba sentando las bases para los extraordinarios acontecimientos que estaban a punto de desarrollarse.

Y así, ellos siguieron su camino, el asno sabio siempre vigilante, sabiendo que las señales estaban allí para aquellos que estaban dispuestos a verlas.

CAPÍTULO DOS:
EL ÁNGEL INVISIBLE

Mientras Balaam montaba a su sabio burro por el camino familiar, todo le parecía normal. El sol todavía brillaba y el camino se extendía hacia adelante, como siempre lo hacía. Pero el burro sabía más. Algo era diferente, algo invisible pero profundamente sentido.

De repente, el burro se detuvo. Balaam, perdido en sus pensamientos, frunció el ceño e instó al burro a avanzar, pero el burro se negó a moverse. Tenía los ojos muy abiertos de miedo, las piernas temblaban mientras miraba el camino vacío. Excepto que el camino no estaba vacío, no al burro. Allí, bloqueando su camino, estaba un ángel poderoso, brillando con una luz invisible, invisible para Balaam pero clara como el día para el burro.

El corazón del burro se aceleró. Él sabía que el ángel era un mensajero de Dios, y también sabía que este no era un momento ordinario. La presencia del ángel llenó el aire con una sensación de temor y advertencia. Pero, ¿cómo pudo hacer que Balaam viera lo que era tan claro para él?

Con gran cuidado, el burro trató de hacerse a un lado, con la esperanza de evitar el camino del ángel. Pero Balaam, frustrado y sin darse cuenta del peligro por delante, golpeó al burro para hacerle avanzar. El burro, confundido y asustado, trató de resistir, entendiendo la importancia de quedarse donde estaban.

La mirada del ángel permaneció fija en Balaam, pero fue el burro quien vio el peligro, quien entendió la advertencia divina. La negativa del burro a moverse no fue terquedad; fue un intento desesperado de proteger a su amo de un peligro que no podía ver.

De nuevo, Balaam golpeó al burro, su paciencia se debilitó. Pero el burro, siempre fiel, se mantuvo firme, con los ojos aún fijos en el ángel invisible. Sabía los riesgos de desobedecer a su maestro, pero el mayor riesgo estaba en ignorar la presencia divina ante él.

En este momento, la sabiduría del burro brilló. Reconoció la realidad espiritual que Balaam no podía ver, y comprendió que a veces, las advertencias que Dios da no siempre son visibles a los ojos, sino que deben ser sentidas con el corazón.

El camino por delante estaba lleno de incertidumbre, pero el temor del burro no era por sí mismo; era por Balaam, que era ciego al peligro. Las acciones del burro, aunque incomprendidas, fueron un testimonio de su profunda conciencia de lo divino, y su determinación de prestar atención a la advertencia que Balaam no podía percibir.

Y así, se pararon en un callejón sin salida, el burro sabio congelado en su lugar, su corazón palpitando con el conocimiento de que a veces, los signos más importantes son los que no podemos ver.

CAPÍTULO TRES:
EL BURRO PARLANTE

La frustración de Balaam creció con cada momento que pasaba. Su alguna vez fiel burro, que siempre lo había llevado sin quejarse, ahora se negó a seguir adelante. Balaam no pudo entender el cambio repentino. Enfurecido por la aparente terquedad del burro, golpeó al burro de nuevo, instándolo a continuar por el camino.

Pero en lugar de moverse, el burro hizo algo extraordinario, algo que Balaam nunca podría haber esperado. El burro giró la cabeza y, con voz tranquila y clara, habló.

"¿Por qué me pegas?", preguntó el burro, con la voz llena de tristeza. "¿No siempre te he servido fielmente? ¿Te he hecho esto antes?"

Balaam se congeló en shock. Sus ojos se ensancharon, y por un momento, apenas podía creer lo que estaba escuchando. Su burro, un animal que había montado innumerables veces, le hablaba ahora como si fuera la cosa más natural del mundo.

Reuniendo su ingenio, Balaam respondió: "¡Has hecho el ridículo de mí! Si tuviera una espada en la mano, te mataría ahora mismo".

El burro, siempre paciente y sabio, respondió: "¿No soy tu burro, el que has montado todos estos años? ¿Alguna vez he actuado así antes?"

Balaam hizo una pausa. Las palabras del burro le hicieron pensar. No, el burro nunca había actuado así antes. En todos los años que habían viajado juntos, el burro había sido leal y confiable. Entonces, ¿por qué ahora? ¿Por qué este cambio repentino?

Y entonces, en ese momento de reflexión, Balaam comenzó a darse cuenta de que este no era un evento ordinario. Esto era algo más grande, algo divino. La voz del burro no era solo una rareza; era una señal, una comunicación directa de Dios.

La ira de Balaam se desvaneció, reemplazada por una profunda sensación de asombro. Ahora entendía que Dios le estaba hablando de una manera que nunca había imaginado, a través de la boca de un humilde burro. La misma criatura que había pensado castigar estaba, de hecho, entregando un mensaje del Todopoderoso.

Esta inesperada conversación abrió los ojos de Balaam a las sorprendentes maneras en que Dios puede comunicarse con nosotros. A veces, el mensaje divino llega de la manera que menos esperamos, y depende de nosotros escuchar, incluso cuando el mensajero es tan improbable como un burro parlante.

Y así, Balaam escuchó, su corazón ahora abierto a la intervención divina que lo había detenido en su viaje. Se dio cuenta de que la voz de Dios podía llegar a través de cualquier persona o cualquier cosa, y que era su deber prestar atención, no importa cuán sorprendente fuera la fuente.

CAPÍTULO CUATRO:
EL ÁNGEL REVELADO

Mientras Balaam permanecía en un silencio atónito, aún tambaleándose por la conversación con su burro, el aire a su alrededor comenzó a brillar. El burro, que había visto lo que Balaam no podía, ahora se relajó, sintiendo que el momento de la verdad había llegado.

De repente, el ángel que había estado escondido de la vista de Balaam apareció ante él. Alta y radiante, con una espada reluciente en la mano, la presencia del ángel era abrumadora. Los ojos de Balaam se ensancharon cuando vio al mensajero divino parado en el camino. La realidad de la situación lo golpeó con toda su fuerza.

El ángel habló con una voz poderosa y suave: "¿Por qué has golpeado a tu burro estas tres veces? He venido a oponerme a ti porque tu camino es temerario delante de mí".

El corazón de Balaam se hundió cuando el peso de sus acciones se hizo evidente. Había estado tan concentrado en sus propios planes, tan decidido a seguir adelante, que había ignorado las señales a su alrededor, incluso el milagroso discurso de su burro. La verdad era innegable: se había extraviado, y su terquedad le había cegado a la advertencia divina.

Al caer de rodillas, Balaam inclinó la cabeza con humildad. "He pecado", confesó, con la voz temblorosa. "No me di cuenta de que estabas parado en el camino para oponerte a mí. Si te disgusta, volveré."

El ángel miró a Balaam con una mirada de severidad y compasión. "Id con los hombres", dijo el ángel, "pero hablad solo lo que os digo".

El burro, que había soportado fielmente la carga tanto del viaje como del peligro invisible, sintió una profunda sensación de alivio. La tensión que lo había agarrado durante tanto tiempo comenzó a aliviarse, sabiendo que Balaam finalmente había visto la verdad.

El corazón de Balaam estaba lleno de pesar, pero también lleno de un nuevo entendimiento. Se dio cuenta de la importancia de la humildad, de estar abierto a la corrección y de reconocer cuando se había desviado del curso. La experiencia le había enseñado una poderosa lección: que incluso los más sabios entre nosotros pueden ser ciegos a la verdad, y que a menudo se necesita un momento de revelación divina para traernos de vuelta al camino correcto.

Y así, con un renovado sentido de propósito, Balaam continuó su viaje, guiado no solo por su propia voluntad, sino por la voluntad de lo divino, siempre consciente de las palabras del ángel y la sabiduría de su fiel burro.

CAPÍTULO CINCO:
EL CAMINO DE LA OBEDIENCIA

Con las palabras del ángel aún resonando en su mente, Balaam suavemente instó a su burro a avanzar. El camino por recorrer, antes lleno de incertidumbre y peligros invisibles, ahora parecía claro y decidido. El burro, que había llevado fielmente a Balaam a través de las pruebas del viaje, caminó con ligereza en su paso, orgulloso de haber jugado un papel en el plan de Dios.

Mientras continuaban su camino, Balaam ya no era el mismo hombre que había comenzado el viaje. Era más cauteloso, más reflexivo y, lo que es más importante, más obediente. Las lecciones que había aprendido de su sabio burro y el encuentro con el ángel habían dejado una profunda huella en su corazón. Ahora sabía que seguir el camino de Dios requería no sólo sabiduría, sino también humildad y disposición a escuchar la guía, sin importar cuán inesperada fuera la fuente.

El burro, también, sintió una sensación de satisfacción. Había sido usado por Dios de una manera que nunca podría haber imaginado, y el pensamiento lo llenó de orgullo. Ahora comprendió que incluso las criaturas más pequeñas y humildes podían desempeñar un papel importante en los planes de Dios.

Juntos, Balaam y su burro siguieron su viaje, sus corazones alineados con el propósito divino que se les había revelado. Los pasos de Balaam fueron más mesurados, sus decisiones más reflexivas, ya que trató de alinear su voluntad con la de Dios.

Mientras el sol se ponía bajo en el horizonte, proyectando un resplandor dorado sobre el camino por delante, Balaam reflexionó sobre el viaje que habían emprendido. Sabía que el camino de la obediencia no siempre era fácil, pero era el camino correcto, el camino que conducía a la paz, el propósito y la verdadera comprensión.

La historia de Balaam y su burro parlante terminó con una verdad simple pero profunda: que la guía de Dios puede venir en muchas formas, y depende de nosotros ser abiertos, atentos y dispuestos a seguir, sin importar lo inesperado que pueda ser el mensajero.

Y así, con un corazón lleno de gratitud y un renovado sentido de dirección, Balaam continuó por el camino de la obediencia, confiando en que la guía de Dios siempre lo guiaría hacia la verdad. El burro, siempre fiel, caminaba a su lado, contento con el conocimiento de que había cumplido su propósito, y que juntos, habían aprendido el verdadero significado de seguir la voluntad de Dios.